CE QU'IL FAUT FAIRE

POUR ÉVITER DE

NOUVELLES RÉVOLUTIONS.

CONSEILS AUX ANTI-SOCIALISTES,

PAR P. TOUSSAINT,

ANCIEN NÉGOCIANT.

PARIS

IMPRIMERIE CENTRALE DE NAPOLÉON CHAIX ET Cie,

RUE BERGÈRE, N° 20.

1849.

CE QU'IL FAUT FAIRE

POUR ÉVITER

DE NOUVELLES RÉVOLUTIONS.

CE QU'IL FAUT FAIRE

POUR ÉVITER DE

NOUVELLES RÉVOLUTIONS.

CONSEILS AUX ANTI-SOCIALISTES,

PAR P. TOUSSAINT,

ANCIEN NÉGOCIANT.

PARIS

IMPRIMERIE CENTRALE DE NAPOLÉON CHAIX ET Cie,

RUE BERGÈRE, N° 20.

1849.

CE QU'IL FAUT FAIRE

POUR ÉVITER DE

NOUVELLES RÉVOLUT1ONS.

CONSEILS AUX ANTI-SOCIALISTES.

Il saute aux yeux de tout le monde que la plus grande partie de la nation souffre, et qu'il faut y apporter un remède immédiat si l'on ne veut revoir des secousses se renouveler. Les révolutionnaires ne sont pas ceux qui ont fait une juste opposition aux gouvernements de Louis XVI et de ceux qui lui ont succédé, mais bien les hommes qui ont constamment résisté sans intelligence. Il est de toute nécessité que les gouvernements soient de leur siècle, qu'ils étudient avec soin les mœurs et besoins de leur pays, qu'ils n'attendent pas la demande des gouvernés, qu'ils aillent au-devant ; enfin, qu'un gouvernement soit du progrès, et surtout qu'il soit prompt à le mettre en pratique.

Si dans les hommes qui nous gouvernent et ceux qui les appuient, il y a un intérêt personnel mal compris qui les dirige, il faut leur faire voir l'erreur dans laquelle ils sont, et leur démontrer que leur intérêt particulier se trouve tout entier dans l'intérêt général.

J'admets que les hommes soient tous dirigés par un esprit étroit, égoïste ; que chez eux le cœur soit remplacé par l'amour d'un bien-être tout personnel : peuvent-ils vivre sans l'aide de leurs semblables ?

Toujours au point de vue de l'intérêt égoïste, je me permettrai de comparer le travailleur à la terre, et je dirai : Lorsqu'un cultivateur veut que sa terre produise, il l'engraisse ; par ce principe je dirai aux hommes possédant : Si vous voulez que l'ouvrier augmente votre fortune, donnez-lui du bien-être et de l'intelligence, il vous en saura gré et vous n'aurez jamais à le craindre, car l'homme heureux ne fait pas les révolutions, il les évite.

Repoussez de vous bien loin l'idée que le Français en blouse en veut à la fortune de celui qui possède ; sachez mieux comprendre l'homme du peuple, et lisez l'histoire de toutes nos révolutions depuis 89 ; vous n'y verrez pas que dans les plus néfastes jours il ait voulu s'approprier le bien d'autrui. Non, ce n'est pas dans le caractère français, et je m'en glorifie. S'il y a du cœur, de la générosité, le mépris de l'argent, c'est bien dans l'artisan, malgré les calomnies journellement débitées sur son compte.

La plaie de notre pays, c'est l'ignorance dans les masses. Le système d'abrutir pour dominer a fait son temps; vouloir revenir sur un passé à jamais perdu, c'est vouloir arrêter le fleuve le plus fougueux. Il faut donc instruire, moraliser le peuple, et pour cela il ne faut que vouloir. Et qu'on ne vienne pas toujours m'objecter les besoins du Trésor et la pénurie dans laquelle il se trouve, en remettant aux calendes grecques les améliorations si nécessaires à l'existence d'une grande nation. Je sais parfaitement qu'il faut de l'argent pour faire de grandes choses, et je ne terminerai pas cet écrit sans donner le moyen de s'en procurer.

Les réformes essentielles que j'indiquerai sont les suivantes :

L'abolition immédiate des octrois;

L'abolition immédiate du travail des enfants jusqu'à l'âge déterminé par la science;

L'instruction gratuite et obligée;

L'abolition immédiate de la mendicité;

Création d'établissements pour recevoir les vieillards et infirmes qui sont dans l'impossibilité de travailler;

L'abolition des patentes, impôts des portes et fenêtres, mobilier et personnel;

Réforme sur les droits de douane;

Abolition des affaires à terme à la Bourse.

Dans un intérêt général on doit renverser immédiatement les murs d'octroi. Les impôts prélevés aux barrières ne sont pas seulement injustes, vexatoires, mais ils sont destructeurs de la santé publique. Ne voyons-nous pas les boissons et denrées arriver en nature aux murs de nos villes, et ne sont-elles pas aussitôt falsifiées pour en augmenter la quantité? Aux dépens de qui ces fraudes se font-elles le plus particulièrement? Aux dépens de la santé du travailleur, qui ne peut se procurer les choses essentielles à la vie que chez les marchands en détail. Si l'entrée en est libre, dès-lors plus d'intérêt à les dénaturer.

Au point de vue de l'intérêt des producteurs, n'est-il pas de toute nécessité d'abolir ces impôts qui en augmentent le prix en diminuant la consommation?

Les vignerons, éleveurs de bestiaux, tous ceux qui enfin s'occupent de culture n'y trouveront-ils pas un immense avantage pécuniaire? L'État n'y trouvera-t-il pas une très-grande économie en réformant cette armée d'employés, qui dès-lors deviendrait inutile?

On me dira : Mais le gouvernement n'est pas seul intéressé à la perception de cet impôt; les villes dont il est la ressource, comment feront-elles pour faire face à leurs dépenses? Je répondrai : L'État, par les moyens que j'indiquerai plus loin.

Je ne trouve rien de plus monstrueux que le travail des enfants, surtout dans les manufactures. Je désirerais, et ce n'est pas, je crois, trop exiger, qu'on voulût bien faire pour eux ce que l'on fait en général pour les bêtes de somme, qu'on ne fait travailler que lorsque leurs forces physiques le permettent. Dans l'instruction et la moralisation que je crois très-nécessaires de donner aux enfants du peuple, je n'en excepte pas les filles, qui sont appelées à faire de bonnes mères et de bonnes femmes de ménage. Pour parvenir à un bon résultat, il faudrait prendre l'enfant à l'âge de six ans.

Ainsi, partant de ce principe, je voudrais que les parents fussent obligés de faire instruire et moraliser leurs enfants sous la surveillance de l'État, et que tout travail de force fût expressément interdit jusqu'à l'âge déterminé par la science. J'indiquerai celui de douze ans par exemple.

Dans le cas où les moyens pécuniaires des parents seraient insuffisants pour se soumettre aux conditions précitées, l'État devrait se charger de ce soin. Dans chaque département, de grandes maisons centrales seraient créées pour recevoir, d'une part les garçons, de l'autre les filles, et là une bonne instruction élémentaire et morale leur serait donnée ; on y ajouterait une instruction théorique industrielle pour les pays de fabrique, et pour les pays de culture une instruction théorique agricole.

Employez ces moyens, et d'un peuple ignare, difficile à gouverner aujourd'hui, vous aurez dans vingt ans un peuple instruit, intelligent, producteur et facile à diriger. Vous aurez enfin les avantages qu'on trouve chez un peuple dont le siége du gouvernement est à Washington, et dont la prospérité est une véritable merveille. Cet immense pays, qui ne possédait que 4 millions d'âmes en 1814, en compte aujourd'hui 30 millions. Là pas de misère, pas de gens n'ayant d'autre métier que celui de tendre la main aux passants ;

par suite, pas de vagabonds et fort peu de criminels.

Il est donc essentiel aussi de s'occuper sérieusement de ce fléau qu'on appelle la mendicité. Pourquoi ne pas l'interdire immédiatement? Qui peut s'y opposer? N'est-il pas ignoble de rencontrer sur nos routes et places publiques des gens vieux, infirmes, dont les membres souvent mutilés sont exposés à la vue du passant pour implorer sa pitié? N'est-il pas immoral de voir des hommes, femmes et enfants vigoureux, vivre par la mendicité aux dépens de ceux qui les écoutent?

Pour interdire la mendicité, il faut encore créer des maisons centrales pour y recevoir les vieillards et les infirmes dans l'impossibilité de subvenir à leurs besoins par le travail. Quant à ceux qui peuvent travailler pour vivre, faites des lois sévères contre eux et sévissez rigoureusement, vous verrez bientôt la mendicité détruite. Une chose que je n'oublierai pas, c'est que parmi nos mendiants se trouvent beaucoup d'étrangers auxquels nous ne devons qu'une chose, c'est de les faire conduire de brigade en brigade jusqu'à leur frontière.

Une réforme essentielle à faire encore est celle dans notre Code pénal. A quoi servent donc les bagnes, où sont envoyés les condamnés à temps et destinés à rentrer dans la société? Ne sont-ils pas cent fois plus dangereux pour elle lorsqu'ils y rentrent après avoir subi cinq, dix, quinze et vingt ans de peine dans ces écoles perfectionnées du crime, que lorsqu'ils en sortent pour subir celle d'une première condamnation? Un condamné au bagne a souvent un métier qu'il ne peut exercer dans le port où il est envoyé ; il en résulte de là que s'il y reste dix ou quinze ans, il en a perdu l'habitude et le goût. Si j'ajoute à cela les conseils de ces hommes pervers qu'il y rencontre, il ne pourra être que plus nuisible à la société une fois rentré dans son sein. De voleur qu'il était, il devient assassin pour retourner au bagne d'où il ne doit plus sortir.

Est-ce que pour des condamnés à temps, les maisons de réclusion ne suffiraient pas? Là au moins ceux qui ont un état peuvent le continuer, et ceux qui n'en ont pas peuvent en apprendre un. Ces hommes, bien disciplinés, bien moralisés, peuvent devenir utiles à la société, de nuisibles qu'ils étaient. Du reste, le nombre s'en réduira de plus en plus si vous voulez sérieusement instruire et moraliser le peuple dans son enfance.

L'impôt des patentes est excessivement arbitraire

par sa classification même ; il en résulte que les plus adroits des négociants, marchands, commissionnaires en marchandises, etc., prennent des patentes de dernière classe lorsque l'importance de leurs affaires exigerait qu'elles fussent des premières. Les contrôleurs, on le conçoit, peuvent difficilement apprécier l'importance de chaque maison commerciale et fixer sa patente d'une manière juste et proportionnelle.

L'impôt des portes et fenêtres est injuste dans sa répartition en ce que la maison du faubourg qu'habite l'ouvrier, paye aussi cher pour cet objet que le splendide hôtel du faubourg Saint-Germain ou de la Chaussée-d'Antin, habité par les hommes riches.

Quant à l'impôt mobilier et personnel, l'État est continuellement trompé par les déclarations qui lui sont faites par les propriétaires et locataires dans un intérêt réciproque ; les premiers, pour que l'impôt foncier soit moins considérable, et les seconds pour amoindrir l'impôt mobilier et personnel.

Beaucoup de projets d'impôts ont été proposés : l'un progressif, le plus injuste et le plus vexatoire de tous ; l'autre sur le revenu, que propose aujourd'hui M. le ministre des finances. Celui-ci pourrait être admis si on pouvait compter sur la bonne foi du contribuable.

***

Pourra-t-on s'en rapporter à la sincérité de sa déclaration? Croyez-vous que les capitalistes, banquiers, négociants, fabricants, rentiers, boutiquiers, etc., viendront vous dire exactement ce qu'ils ont recueilli de leur capital ou de leur industrie? Vous vous trompez étrangement si vous supposez que chacun vous dira la vérité. Si vous voulez exiger des preuves, soit par des livres, inventaires, etc., ces moyens seront vexatoires, et vous ne parviendrez pas à votre but, parce qu'on vous fabriquera livres et inventaires pour le besoin de la cause. Qu'y verrez-vous? Rien. Je dis que cet impôt, par les raisons que j'en déduis, ne rendrait pas ce que l'on suppose, et les moyens à employer pour obtenir un tel résultat sont tellement vexatoires, que je le considère comme inexécutable.

On me répondra qu'en Angleterre cet impôt est établi sous le nom d'*income-tax* et qu'il rend considérablement à l'État. Dans beaucoup de choses, nous ne devons pas être comparés à nos voisins, et particulièrement dans celle-ci. Les Anglais combattent un projet de loi s'ils ne le trouvent pas dans leur intérêt; mais lorsque la loi est votée et mise à exécution, ils s'y soumettent religieusement; ils ont le respect de la loi fiscale, et se feraient un cas de conscience de s'y dérober autant qu'aux engagements pris vis-à-vis de leurs amis dans les affaires privées. J'ajouterai que l'orgueil est si grand dans le caractère de nos voisins, que l'aristocratie nobiliaire et financière déclarera souvent des revenus plus considérables qu'elle n'en perçoit réellement, afin de passer pour très-riche ou de gagner beaucoup.

Dans chaque pays, les hommes chargés du gouvernement doivent faire les lois appropriées aux mœurs et usages de leur peuple. Ce qui pour l'Anglais est une dette sacrée, ne l'est pas pour nous. Lorsque nous pouvons tromper l'État, tous les moyens sont employés sans scrupule ; l'homme le plus honnête dans sa vie privée ne se fera pas un cas de conscience d'employer la fraude pour se soustraire à l'impôt qui le frappe.

Pour obvier à tous ces inconvénients qui existent chez nous, il faut donc établir l'impôt de manière que personne ne puisse s'y soustraire, que la perception s'en fasse d'une manière très-régulière, et surtout éviter tous moyens vexatoires. Il n'en est qu'un décrété par notre Constitution, c'est l'impôt proportionnel, en effet le seul juste, le seul équitable. Exception pour personne ; il faut que l'artisan, le rentier, le grand capitaliste, le marchand, le fabricant, le négociant, etc., payent selon la place qu'ils occupent dans l'État, l'air qu'ils y respirent et la consommation qu'ils y font. Le moyen est, à mon avis, bien simple, et j'espère qu'il sera justement apprécié de ceux qui voudront bien se donner la peine d'y réfléchir sérieusement.

A l'exception des impôts sur les tabacs, enregistrement, timbre, postes, etc., je voudrais que la propriété seule supportât tout le poids de l'impôt nécessaire aux dépenses de l'État. Pour l'imposer de manière à éviter la fraude, et surtout pour imposer la propriété de luxe, qui ne l'est pas en rapport de sa valeur réelle, ce n'est pas sur le produit qu'il faudra désormais établir la quotité, mais sur la valeur réelle de chaque propriété. Rien n'est plus facile que de s'en rendre un compte parfaitement exact ; on emploierait pour cela le moyen pratiqué pour celle qu'on exproprie pour cause d'utilité publique. Au nombre des maisons de ville, campagne, châteaux, parcs, terres, fermes, etc., j'y joindrais les chemins de fer et les canaux, dont la valeur peut être connue à un centime près. En faisant du propriétaire le percepteur de l'État, vous simplifiez beaucoup les rouages de votre administration, et vous avez sous la main un gage qui ne peut vous échapper en cas de non-paiement de sa part.

Je suppose que pour arriver à une recette qui satisferait à nos dépenses, on dût imposer la propriété de 1 0/0 sur la valeur fixée par un jury nommé à cet effet; il en résulterait qu'une maison évaluée 300,000 fr. paierait 3,000 francs ; ce serait environ 10 0/0 que le propriétaire serait obligé de répartir sur le prix de chaque appartement. Ainsi, le petit locataire occupant aujourd'hui une chambre de 100 francs, d'après le nouveau mode, paierait 10 francs en sus ; celui qui en a un de 500 francs paierait 550; le négociant, rentier ou capitaliste occupant un appartement de 3,000 francs, paierait 3,300, et ainsi de suite des locations plus ou moins chères. D'après cela, vous voyez une proportion établie de manière que ces trois imposés n'aient pas le plus petit reproche à s'adresser. Par ce moyen, vous atteignez rentiers, banquiers, capitalistes, négociants, commissionnaires, marchands, boutiquiers en gros et détail, négociants étrangers, oisifs de toutes natures, selon la place que chacun occupe par la nature de ses affaires ou de ses plaisirs.

Je passe maintenant à l'hôtel somptueux occupé

par son propriétaire. Aujourd'hui, par cela seul qu'il ne lui rapporte rien, il paye beaucoup moins d'impôt que celui possédant la maison de l'ouvrier et du petit bourgeois. Et pourquoi donc le riche occupant entre cour et jardin une maison de jouissance et d'agrément ne paierait-il pas autant que le malheureux, obligé par ses occupations d'habiter les quartiers malsains des Halles et de la Cité? Cela est d'une injustice criante qui ne peut être tolérée davantage. Il y a dans les beaux quartiers de Paris des hôtels valant de 300,000 francs à 3 millions; ne serait-il pas juste que les propriétaires qui les occupent ou les louent à de riches oisifs, payassent 1 0/0 comme ceux du centre de la ville? Ils n'auront rien à réclamer, car la répartition est la plus irréprochable de toutes. Les châteaux, maisons de campagne et dépendances, propriétés de jouissance ne donnant aucun produit à celui qui les possède, par cela même, sont fort peu imposés. De ces maisons et châteaux, il y en a depuis 5,000 francs jusqu'à 2 millions, dont l'État ne retire presque rien, parce qu'ils sont improductifs et purement de jouissance. Mais pourquoi des privilégiés de cette nature? Celui qui peut aller respirer l'air à quelques kilomètres de la ville, dans une maison de 5,000 francs, ne peut-il pas sortir de sa poche 50 francs par an pour sa part? Il s'ensuivra de là que celui qui a château, pêche, chasse, sur une terre évaluée 2 millions, devra payer 20,000 francs. Ces propriétaires de jouissance ne seront pas plus froissés par l'impôt que le cultivateur voisin possédant 1 ou 2 hectares de terre, lequel sera également frappé de l'impôt régulier de 1 0/0. Par ce moyen, petits et grands propriétaires de ville et de campagne, petits et grands cultivateurs passent sous le niveau.

A mon point de vue, la propriété ne doit être considérée que comme marchandise. Il s'ensuivra de là que le cultivateur ajoutera naturellement l'impôt qu'il paye à son prix de revient, et que ses produits se trouveront frappés de celui qu'il donne à l'État. Par ce moyen, le produit paiera selon sa qualité. Ainsi, les vins de Suresne et d'Argenteuil, bus principalement par le travailleur, seront imposés relativement à la qualité de la terre qui les produit, et ceux de Clos-Vougeot, Laffitte et autres grands vins, servis sur la table des riches, paieront relativement aussi à la valeur de la terre qui les aura produits. Ainsi, proportionnellement, le vin coûtant 6 sous à Paris ne sera pas plus imposé que celui coûtant 6 francs; le contraire existe aujourd'hui par le droit fixe perçu à nos barrières, qui est de 45 francs pour les vins de première et de dernière qualité. Le chasselas de Thomery ou de Fontainebleau, qui vaut de 75 c. à 1 fr. 25 le demi-kilo, mangé seulement par le riche, ne paye rien, tandis que le raisin de vigne, mangé par le pauvre, en paye un considérable, par la raison qu'une fois entré, on pourrait en faire du vin. En laissant entrer librement l'un et l'autre, mais en imposant la terre comme pour tout autre produit, il s'ensuivra que chasselas et raisin de vigne paieront en proportion de leur qualité. Le lecteur, par ces exemples, comprendra facilement qu'il en sera de même pour tous les produits de la terre.

Les administrateurs de chemin de fer répartiront l'impôt qu'ils paieront à l'État d'une manière proportionnelle sur le prix des différentes classes. Là encore égalité parfaite.

Les propriétaires dont je fais partie (car je dois dire ici que ma fortune repose sur deux maisons que je possède à Paris) me diront probablement que l'impôt basé de cette manière ne sera pas sujet à dégrèvement dans le cas de vacances, et que par conséquent il serait injuste de faire payer l'impôt sur des maisons ou

terres ne produisant rien. Je reconnais à cela un in-
convénient fâcheux ; mais, au résumé, le propriétaire
ne se trouve pas plus mal placé que les banquiers et
négociants qui éprouvent des faillites, les boutiquiers
qui ne vendent pas et qui, souvent, perdent sur leurs
marchandises, que l'employé qui est sans place et
l'ouvrier sans ouvrage, que le cultivateur ayant une
mauvaise récolte, la grêlé ou la mortalité dans ses
troupeaux. Tous sont obligés envers leur propriétaire,
généralement garanti par des termes payés à l'avance,
par des meubles et marchandises garnissant les lieux.
Malgré toutes ces misères de la vie, il faut payer le
propriétaire dans un terme rapproché et toujours à la
convenance de ce dernier, puisqu'il est maître de la
position.

Le propriétaire qui achète une maison pour la louer
ou une terre pour l'affermer ne peut être considéré que
comme spéculateur ; il doit être assimilé au loueur de
fiacre, qui lui aussi a ses non valeurs ; car si les cochers
ne lui rapportent rien à la fin de la journée, il n'est
pas moins obligé de nourrir ses chevaux, payer son
loyer, son personnel, etc. La position du propriétaire,
on en conviendra, est toujours préférable à celle des
autres, car la plus mauvaise chance à courir pour lui

est une réduction sur son revenu, mais le capital ne peut lui échapper.

Les révolutions apportent toujours avec elles des bouleversements de fortunes. Les banquiers, négociants, capitalistes, fabricants, boutiquiers ont perdu leur avoir ou le perdent chaque jour ; l'artiste, l'employé et l'ouvrier meurent de faim et de misère : malgré ces désolations le propriétaire reste debout.

Je crois avoir suffisamment démontré que l'impôt doit principalement peser sur la propriété, qui devient le niveau de tous les contribuables, qui atteint tout le monde. Sous le système présent, pourquoi ces privilégiés du nom de notaires, avoués, huissiers, avocats, médecins, artistes de toute sorte qui ne sont point patentés et qui pourtant arrivent à la fortune comme les commerçants ? Par mon moyen vous arrivez à les faire contribuer au même titre.

Il est bien entendu que si ce projet était converti en loi, les baux existants devraient subir aussitôt l'augmentation d'environ 10 0/0 au profit du propriétaire qui est obligé de le remettre à l'État. Quoiqu'en général les lois ne doivent pas avoir d'effets rétroactifs et que cette mesure pourrait être considérée comme telle, les locataires verront bien à la réflexion que si les murs des barrières sont immédiatement renversés, les impôts mobilier et personnelle abolis, les patentes et l'impôt des portes et fenêtres également supprimés, il est bien naturel qu'en en profitant de suite, il sera juste et rationnel qu'ils payent leur quote-part aussitôt la loi mise à exécution.

On accuse généralement le riche de payer moins d'impôt que le pauvre; cela est incontestable. J'en appelle donc à la justice de l'homme éclairé, intelligent qui possède; il est de son intérêt bien entendu de procurer le bien-être aux classes souffrantes, qui, par le produit qu'il en tirera dans l'avenir, le compenseront des quelques sacrifices qu'il fera momentanément dans ce changement sur l'impôt. Il sentira que cette roue arrêtée le 24 février par les désordres successifs des gouvernements qui ont précédé cette date, doit enfin reprendre son élan; qu'il y va non-seulement de l'augmentation de sa fortune, mais de la prospérité des siens dans l'avenir. L'emploi immédiat de ces moyens conjurerait l'orage qui gronde sur nos têtes, nous pourrions éviter des troubles et révolutions qui seraient bien autrement sérieux que ceux de 1830 et 1848.

Voici à mon point de vue ce que doit faire le con-

tribuable vis-à-vis de l'État chargé de le gouverner
et de le protéger dans sa fortune et sa famille. Mais il
faut que le gouvernement fasse de son côté des réformes considérables, devenues nécessaires, indispen-
sables. L'argent bien dépensé tourne à la prospérité
d'un pays, mais celui qui l'est mal le conduit à sa
perte. Depuis trente-cinq ans de paix, on a conservé
une armée trop considérable et par conséquent trop
coûteuse. N'est-ce pas de l'argent mal dépensé ? Sous
le dernier règne, un homme d'État a osé dire en pleine
tribune qu'une guerre étrangère ne l'inquiétait pas ;
mais que ce qui le préoccupait plus, c'étaient les ennemis
intérieurs, toujours prêts à renverser le gouvernement.
Il avait 80,000 hommes dans Paris ou autour de
Paris, à quoi lui ont-ils servi au 24 février? Je ne prétends pas dire que cette armée ait été battue; mais je
dirai sans crainte d'être démenti que ce pouvoir, si
fort à l'extérieur par ses alliances, si fort à l'intérieur
par l'armée, par la majorité de ses deux chambres,
s'est affaissé en moins de deux heures. Ce qui prouve
qu'un mauvais gouvernement s'appuyant sur une majorité factice, telle considérable que soit son armée,
doit succomber tôt ou tard devant les intérêts froissés
du pays

Au risque de ressembler à ses devanciers, le gouvernement actuel ne doit pas conserver 500,000 hommes sur pied en temps de paix qui absorbent au moins le tiers de ses recettes; il doit surtout faire des réformes considérables dans les états-majors et dans la bureaucratie de toutes les administrations, où des emplois créés souvent pour obtenir le vote de tel ou tel meneur d'élection se trouvent aujourd'hui d'une superfluité ruineuse.

Sous l'empire du suffrage universel qui forme le gouvernement de tous par tous, une nombreuse armée ne devient nécessaire que si le pays est menacé par l'étranger; dans le cas contraire, elle ne peut servir qu'à comprimer l'opinion publique. Un gouvernement est condamné à de continuelles convulsions, s'il ne peut administrer sans l'appui de 500,000 baïonnettes, et du reste la force brutale lui échappe dans certaines occasions. Les révolutions de juillet et février en témoignent assez. Dans notre position, 300,000 hommes pourraient être retranchés sans aucun dommage si les intérêts de chacun étaient à leur place.

Tous les hommes devraient être d'accord sur ces deux réformes urgentes. Eh bien! vous verrez des gens venir vous dire du plus grand sang-froid : Mais que ferez-vous de ces hommes maintenant occupés et qui ne le seront plus après vos réformes? Les mêmes qui vous disent encore que la guerre est nécessaire pour détruire les hommes qui sont trop nombreux sur terre. Je raconte ces dires insensés parce que je les ai entendus de la bouche de gens non dépourvus de lumières, mais parfaitement dépourvus de raison. Non, la population n'est pas trop nombreuse pour notre pays, il s'agit seulement de savoir l'employer; et quand même elle deviendrait par trop considérable, n'y a-t-il pas sur le globe des points à remplir qui, habités par des Français, donneraient à notre marine, notre commerce et notre industrie la plus grande extension, et en politique la plus grande influence? Pourquoi le gouvernement anglais est-il plus fort que les autres gouvernements européens chez les peuples au-delà des mers? C'est que les Anglais, gênés dans leur petit pays d'Europe, sont dans la nécessité d'aller chercher fortune ailleurs, et qu'en grand nombre dans les pays qu'ils vont habiter, ils y portent leurs mœurs, leurs habitudes, ce qui nécessite l'emploi de leurs produits. Sans aller bien loin, n'avons-nous pas l'Algérie, terre féconde où quelques millions de bras pourraient s'utiliser au grand avantage de la métropole? Ainsi donc point de guerre pour détruire, et surtout point d'inquiétude sur la trop grande population de notre pays en Europe. Instruisez, donnez de l'intelligence à votre peuple ignorant des campagnes, et vous verrez bientôt les terres *incultes* devenir productives, et celles cultivées rendre davantage. Croirait-on que sur un sol riche comme la France, il y ait des éleveurs de bestiaux qui ne mangent pas de viande deux fois par an, ne vivant que de pommes de terre et de châtaignes, logés dans des cabanes infectes avec leurs animaux? Si vous leur donnez de l'instruction, ce qui les rendra intelligents, leur travail sera plus fructueux, leur pécule s'augmentera et par suite leurs besoins, ils consommeront davantage, et nos manufactures de toutes sortes y trouveront l'emploi de leurs produits.

Deux autres réformes peut-être moins urgentes, mais aussi essentielles, sont à faire dans nos douanes et sur les affaires qui se traitent à la Bourse.

En attendant le libre échange, qu'on ne peut vraiment admettre chez nous que quand nos agriculteurs et manufacturiers pourront supporter la concurrence étrangère, je dirai que notre système de douane est des plus vicieux. Je ne puis pas comprendre le droit fiscal perçu à l'entrée sur des matières que nous ne

produisons pas, matières qui passent dans nos mains
pour ouvrer, et que nous reportons en partie dans les
pays qui les produisent. Je citerai par exemple le coton,
qui, dans nos ports, paye 20 fr. les 100 kilogrammes
(matière brute), qui, épuré et tissé, reçoit à la sortie
25 fr. les 100 kilogr., ce qu'on appelle prime, et qui
n'est autre chose que la moitié du remboursement des
droits. Nos manufactures de cotonnades pour l'exportation ont un grand désavantage sur les manufactures
anglaises. Celles-ci ne payent aucun droit sur cette
matière, qui arrive tout près de l'endroit où elle est
ouvrée, ce qui nécessite très-peu de frais de transport,
tandis que les nôtres, situées particulièrement en Al-
sace, ont 300 lieues à parcourir, aller et retour. Comment
veut-on que nous puissions soutenir la concurrence
redoutable de nos voisins sur les marchés étrangers,
quand d'une part nous payons un droit fiscal sur une
matière qui entre libre chez eux, et que de plus nous
avons un fret de 300 lieues qui augmente d'autant le
prix de notre marchandise? Aussi sommes-nous réduits
à l'exportation des articles de goût, dont le chiffre
est peu considérable comparativement à celui de nos
voisins, qui est principalement en articles de première
nécessité. Ce droit doit donc être entièrement aboli.

Je ne comprends qu'un droit protecteur à percevoir en douane, mais il le faut mesuré avec les produits du pays, de manière qu'il ne soit pas une véritable prohibition. A l'ombre de droits trop élevés, l'agriculture, l'industrie, s'engourdissent; il est donc essentiel de les établir de manière qu'en permettant l'entrée de toutes marchandises étrangères, nos producteurs puissent soutenir leur concurrence. Je ne prétends rien innover à cet égard; depuis 1826 ce système est établi en Angleterre par un de ses plus remarquables ministres, M. Huskisson, qui, à cette époque, eut des lances à rompre avec les agriculteurs et manufacturiers, et qui aujourd'hui bénissent sa mémoire. En fait de droits de douane, il n'y a de rationnels que ceux qui protégent l'agriculture et l'industrie, et qu'on doit baisser à certaines périodes, afin d'obliger le producteur à faire de mieux en mieux; et lorsqu'il sera parvenu au degré de perfection des étrangers, alors, seulement alors, le libre échange.

Une inutilité bien grande, qui appelle aussi sa réforme, c'est le passage en douane des marchandises non susceptibles de prime que nous exportons. Ainsi les expéditeurs sont obligés de perdre un temps considérable pour faire peser leurs colis, que la douane entouré d'une corde à l'extrémité de laquelle se trouve un plomb. Après cette formalité, que je n'ai jamais su apprécier, ces divers colis sont expédiés sur les différents bureaux de sortie pour encore repasser en douane. Cette formalité fut établie dans des temps bien reculés, m'a t-on dit, parce qu'il y avait quelques articles prohibés à la sortie, et que pour en empêcher l'exportation la douane devait faire l'examen du contenu de chaque colis Mais alors, répondis-je, pourquoi n'en ouvre-t-on aucun? Ou la chose est nécessaire, ou elle ne l'est pas; si elle se trouve dans ce dernier cas, ne continuez pas des ennuis, des embarras aux négociants, à qui vous faites perdre un temps précieux, et que vous contraignez souvent à payer des dommages et intérêts à leurs commettants lorsque leurs marchandises n'arrivent pas à époque fixe, et cela à cause de vos sévérités administratives qui veulent qu'elles soient rendues dans votre bureau à trois heures en hiver et à quatre heures dans l'été. Arrivées cinq minutes plus tard, la formalité est remise au lendemain, ce qui nécessite le transport par diligence ou par chemin de fer, grande vitesse, au lieu du roulage, le plus économique des moyens.

Si vous voulez faire une statistique semestrielle de

toutes les marchandises qui sortent de France, statistique que je reconnais instructive, et qu'une cotisation soit nécessaire pour couvrir vos frais de bureaux, pourquoi ne pas établir un droit fixe sur chaque colis qui serait perçu au bureau de sortie? Le commerce, j'en suis certain, vous en serait très-reconnaissant; de plus, il vous paierait largement pour se soustraire à toutes les tracasseries de votre bureaucratie intérieure. Je crois pouvoir être son interprète en fixant le droit à 2 francs par colis, bien certain qu'il ne réclamera pas.

Si vous employez ce mode, d'inexacts qu'ont été jusqu'ici vos rapports en fait de quantité et de valeur, ils deviendront exacts. Pour éluder un droit qui souvent n'est qu'une misère, l'expéditeur diminue sur sa déclaration la quantité et le prix, de sorte que votre travail semestriel dérivant de ses faux avis n'est jamais la vérité. Cette réforme appréciée et mise à exécution, il s'ensuit que vous pouvez diminuer au moins la moitié de votre personnel, qui devient superflu. D'une part vous vous rendez agréable au commerce, et de l'autre vous enrichissez le Trésor.

Une chose profondément immorale, exercée chaque jour dans un de nos plus beaux monuments par des officiers ministériels, sous l'œil du gouvernement, et toléré par lui, qui souvent d'un honnête homme en fait un fripon, d'un bon père de famille en fait un homme dénaturé, ce sont les marchés à terme sur les fonds publics et actions industrielles. On me dira que la loi ne reconnait pas les différences à payer ou dettes de jeu, et que les poursuites exercées contre celui qui ne les paye pas ne sont d'aucun effet. Cela est exact; mais il n'en est pas moins vrai que des hommes vont perdre à la Bourse leur fortune particulière, celle de leurs femmes et de leurs enfants, et n'ont plus de ressource que dans l'escroquerie, le suicide ou la fuite. Cette tolérance du gouvernement vient de ce qu'obligé de faire continuellement des emprunts pour couvrir les désordres de nos finances, il est de toute nécessité que des opérations fictives se fassent publiquement pour hausser les cours, afin d'obtenir de meilleures conditions des prêteurs.

Les emprunts n'ont-ils pas été en tout temps ce qu'il y avait de plus déplorable, et l'avénement de la République ne devait-il pas en être le terme? Où nous conduira ce système qui nous rend débiteurs de plus de six milliards Si on ne veut y couper court, nous marchons inévitablement à la banqueroute.

Impôt proportionnel bien établi atteignant tout le

monde, d'une part ; de l'autre, économie sévère dans l'administration, voilà le moyen de gouverner dans l'intérêt de notre bon pays. Ces armes sont plus puissantes contre le socialisme que vos 500,000 soldats.

FIN.